BEI GRIN MACHT SICH IHR WISSEN BEZAHLT

- Wir veröffentlichen Ihre Hausarbeit, Bachelor- und Masterarbeit

- Ihr eigenes eBook und Buch - weltweit in allen wichtigen Shops

- Verdienen Sie an jedem Verkauf

Jetzt bei www.GRIN.com hochladen und kostenlos publizieren

Christopher Selbach

William Robertson Smith und seine Bedeutung für die Wissenschaftsgeschichte

GRIN Verlag

Bibliografische Information der Deutschen Nationalbibliothek:

Die Deutsche Bibliothek verzeichnet diese Publikation in der Deutschen National-
bibliografie; detaillierte bibliografische Daten sind im Internet über http://dnb.d-
nb.de/ abrufbar.

Dieses Werk sowie alle darin enthaltenen einzelnen Beiträge und Abbildungen
sind urheberrechtlich geschützt. Jede Verwertung, die nicht ausdrücklich vom
Urheberrechtsschutz zugelassen ist, bedarf der vorherigen Zustimmung des Verla-
ges. Das gilt insbesondere für Vervielfältigungen, Bearbeitungen, Übersetzungen,
Mikroverfilmungen, Auswertungen durch Datenbanken und für die Einspeicherung
und Verarbeitung in elektronische Systeme. Alle Rechte, auch die des auszugsweisen
Nachdrucks, der fotomechanischen Wiedergabe (einschließlich Mikrokopie) sowie
der Auswertung durch Datenbanken oder ähnliche Einrichtungen, vorbehalten.

Impressum:

Copyright © 2000 GRIN Verlag GmbH
Druck und Bindung: Books on Demand GmbH, Norderstedt Germany
ISBN: 978-3-640-60689-4

Dieses Buch bei GRIN:

http://www.grin.com/de/e-book/16471/william-robertson-smith-und-seine-bedeu-
tung-fuer-die-wissenschaftsgeschichte

GRIN - Your knowledge has value

William Robertson Smith und seine Bedeutung für die Wissenschaftsgeschichte

von

Christopher Selbach

Universität Tübingen
SoSe 2000
Seminar: Religionswissenschaft im 19. Jahrhundert

28. Juni 2000
Referat: William Robertson Smith
Referent: Christopher Selbach

Smiths Ansatz und seine Bedeutung für die Wissenschaftsgeschichte

Nach diesem Blick auf Smiths Leben und seine Werke möchte ich nun auf seinen wissenschaftlichen Ansatz eingehen und ihn so in die Wissenschaftsgeschichte einordnen. Als erstes ist dabei die Zeit und die Umwelt zu betrachten, in denen Smith wirkte: die hier vorherrschenden Gedanken hatten starken Einfluss auf sein Werk.

Einflüsse auf Smith

Robertson Smiths Zeit, das Victorian Age in England, war insbesondere geprägt von einem *linearen Geschichtsverständnis*: in diesem Zusammenhang ist z.B. Hegels Philosophie zu nennen, die das damalige Denken nicht unwesentlich beeinflusste.[1] Zudem wurde Charles Darwins Evolutionstheorie auf die Entwicklung von Gesellschaften übertragen (*Evolutionismus*).[2] In England wollte die gerade erst entstandene Wissenschaft der Anthropology dabei die sogenannten primitiven Kulturen als frühe Stadien einer allgemeinen Menschheitsgeschichte verstehen. Die Untersuchung des „Einfachen" und „Essentiellen" war damit zugleich die Untersuchung des zeitlich „Früheren", unabhängig von der realen Zeit des Auftretens. E.B.Tylor kann als Hauptvertreter dieser Richtung angesehen werden.[3] Seine

---

[1] Muilenburg, S. 1.
[2] Raum, S. 245.
[3] Kippenberg, S. 80-87.

vergleichende Methode, die u.a. „survivals" älterer Kulturstadien auch in weiterentwickelten Gesellschaften ausmachen wollte, übernahm auch Robertson Smith.[4]

Ebenso griff Smith den evolutionistischen Gedanken seines Edinburgher Freundes McLennan auf.[5] McLennan vertrat die Ansicht, dass *Mutterrecht und Totemismus* zu den frühesten Phasen einer Kulturentwicklung gehören, die alle Gesellschaften durchlaufen. Sowohl Mutterrecht als auch Totemismus nahm Smith somit auch für die semitische Kultur an; eine Behauptung, die späteren Forschungen jedoch nicht standhielt.

Als weiterer Einfluss ist Smiths *christlicher Glaube* zu nennen. Aus innerer Überzeugtheit tendierte Smith dazu, in der eigenen christlichen Kultur eine besonders hohe und vollkommene Stufe der gesellschaftlichen Entwicklung zu sehen.[6] Der Erforschung der christlichen Religion und ihrer semitischen Wurzeln räumt Smith deshalb eine besondere Stellung ein, und zwar sowohl was die Intensität der Forschung angeht, als auch bei der Bewertung ihrer Aussagekraft für Religion insgesamt. Denn für Smith gilt, dass einige wenige, gut gewählte Beispiele ausreichen, um den allgemeinen Entwicklungsprozess der Menschheit aufzudecken.[7] Seine Intention ist deshalb nicht allein, die frühe semitische Religion darzustellen, sondern auch allgemeingültige Aussagen über die Menschheitsgeschichte und Religion als solche zu machen. Smith schreibt in diesem Sinne:

But though my facts and illustrations will be drawn from the Semitic sphere, a great part of what I shall have to say in the present lecture might be applied, with very trifling modifications, to the early religion of any other part of mankind.[8]

Dass Smith die frühe semitische Religion untersuchte, ohne dabei die Quellen insbesondere der benachbarten babylonischen und assyrischen Religionen miteinzubeziehen, hat u.a. hierin seinen Grund. Diese selektierende Vorgehensweise ist schon zu Smiths Zeit kritisiert worden.[9] Weitere Kritik wendet sich gegen Smiths Beurteilung von religiösen Phänomenen auf Grundlage seiner christlichen Moralvorstellung.

---

[4] Beidelman, S. 38-41.
[5] Kippenberg, S. 108-110.
[6] Beidelman, S. 39.
[7] Beidelman, S. 51.
[8] Smith, S. 32.
[9] Muilenburg, S. 12.

Mit seinem linearen Geschichtsbild gilt Smith dasjenige Christentum am meisten, das nicht bei Traditionen stehen bleibt, sondern im Gegenteil die Entwicklung, d.h. Vervollkommnung, vorantreibt und frühere Phasen entmystifiziert.[10] Hier kommen wir zu einem weiteren wichtigen Einfluss auf Smith: der *historisch-kritischen Methode in der Bibelkritik*, wie sie zu der Zeit in Deutschland aufkommt. Sie wird Smith insbesondere von seinem Göttinger Freund Julius Wellhausen vermittelt.[11] Wegen dessen Vorarbeit kann sich Smith mit den heiligen Texten seiner Religion beschäftigen wie mit beliebigen anderen schriftlichen Zeugnissen vergangener Zeiten.

Wir fassen zusammen: vier Einflüsse sind für Smiths Werk entscheidend:

1. der Evolutionismus, dem Smith seine Vorgehensweise verdankt;

2. McLennans Theorie von Mutterrecht und Totemismus, die Smith auf die semitische Religion überträgt;

3. Smiths Überzeugung des hohen Rangs seiner eigenen Religion, auf Grund derer er seine Erkenntnisse als allgemeingültig ansehen kann;

4. die Bibelkritik, die ihm den kritischen Umgang mit der Heiligen Schrift nahe bringt.

Dies zeigt, wie sehr Smith eigentlich ein Kind seiner Zeit war: Intention, Methodik und Teile des Inhalts seines Werkes entspringen gleichermaßen dem Zeitgeist des Victorian Age und gründen auf einem heute längst überholten Evolutionismus. Trotzalledem war Smith in einigen zentralen Aussagen über Religion seiner Zeit voraus und liefert die Basis für spätere Schulen, die zum Teil bis heute Einfluss ausüben. Diese Gedanken möchte ich nun kurz nennen: manche von ihnen werden bei der Besprechung der „Lectures" genauer erläutert.

Smiths eigene Theorien

Die wichtigste Neuerung in der wissenschaftlichen Diskussion um Religion ist Smiths *Hervorhebung des sozialen Charakters und der sozialen Funktion von Religion.* Religion ist für Smith vor allem eine gesellschaftliche Gegebenheit und Verpflichtung. Als solche ist sie ursprünglich kaum von der Gesellschaft zu trennen. In der Gesellschaft kommt Religion eine ordnende Funktion zu: durch die Vorgabe von Ge- und Verboten regelt sie das

---

[10] Beidelman, S. 39.
[11] Kippenberg, S. 100-103.

Zusammenleben. Smith geht davon aus, dass jedes Vergehen ursprünglich als Verstoß gegen die heilige Ordnung angesehen und geahndet wurde.[12]

Die Erkenntnis der sozialen Funktion von Religion bringt Smith auf eine Unterscheidung von *„Religion"* und *„Magie"*.[13] Religion ist demnach für Smith alles, was die soziale Funktion erfüllt, also die Gemeinschaft stärkt und Spannungen in ihr löst. Religion ist damit auch öffentlich, da sie für die Öffentlichkeit von Bedeutung ist. Individualistisch ist religiöses Handeln nur, wenn es gleichzeitig altruistisch ist, wie Smith mit Blick auf die Propheten einräumt. Individualismus und Egoismus aber sind besonders Kennzeichen der Magie: Magie ist asozial, sie ist weder öffentlich noch erfüllt sie die positive soziale Funktion. Mit Magie versucht ein Einzelner, sich selbst unbemerkt Vorteile zu verschaffen. Aus diesem Grund werden magische Praktiken von der Gesellschaft sanktioniert. Anders gesagt setzt Smith „heilig" mit „gesellschaftsfördernd" gleich und leitet daraus eine moralische Verurteilung der Magie ab.

Für die Wissenschaftsgeschichte ist aber ein anderer Gedanke Smiths wichtiger: nämlich seine *Betonung der praktischen Seite von Religion*.[14] Religion in ihrem Ursprung ist für Smith vor allem die Handlung, die praktische und regelmäßige Ausübung von Ritualen. Damit widerspricht er u.a. Tylor, der im Glauben an die Beseeltheit der Dinge den Beginn von Religion sah.[15] Glaube und Mythos hingegen (noch der eigentliche Gegenstand F.M. Müllers[16]) sind für Smith zweitrangig. Er begründet das wie folgt: Die Religionsgeschichte zeigt, dass Mythen sich schneller und leichter verändern als die durch Tradition eher statisch gehaltenen Rituale. Außerdem unterliegen besonders Rituale der schon genannten gesellschaftlichen Verpflichtung: sie stärken die Gemeinschaft, die Teilnahme an ihnen ist obligatorisch; der Glaube hingegen steht im Belieben des Einzelnen, da seine Inhalte auch kaum überprüfbar sind. Ein besonders wichtiges, ursprüngliches Ritual ist für Smith das *Opfer*.[17] Seine zentrale Funktion sieht Smith im freudigen, gemeinschaftlichen und gemeinschaftstärkenden Mahl des Gottes mit seinen Gläubigen, das sich im Laufe der Geschichte und politischer Ereignisse aber bei den Semiten zu einem Sühneopfer wandelt.

---

[12] Kippenberg, S. 116.
[13] Kippenberg, S. 116-118; Beidelman, S. 61-64.
[14] Kippenberg, S. 110-112; Beidelman, S. 64-66.
[15] Bell, S. 4.
[16] Kippenberg, S. 60ff.
[17] Kippenberg, S. 112-115.

Smiths Wirkung

Die soeben skizzierten Gedanken zur Religion haben, wie schon gesagt, eine große Wirkung auf die weitere Wissenschaftsgeschichte ausgeübt.[18] So war Smith der erste, der die gesellschaftliche Funktion von Religion hervorhob. Er kann somit als eigentlicher Begründer der Religionssoziologie angesehen werden.[19] Dieser Richtung in der Religionswissenschaft sollte *Durkheim* später eine größere Basis geben. Ebenfalls als erster vertrat Smith die Ansicht, dass Rituale den Mythen vorausgehen. Wenn diese Vorstellung heute auch als zu einseitig gilt und man vielmehr von einer wechselseitigen Entwicklung ausgeht, so beendete sie doch in der Wissenschaft die Konzentration auf Glaubensinhalte und religiöse Spekulation und wertete die praktische Seite von Religion neu. *Frazer* und die „Myth and Ritual School" nahmen den Gedanken der Priorität der religiösen Handlung auf und maßen wie Smith dem Opferritual die zentrale Stellung bei. Abschließend ist noch die psychoanalytische Schule zu nennen: sie nahm die These auf, dass religiöses Verhalten und religiöse Emotionen sozialen Ursprungs sind. Zudem konnte sich *Freud* in dem Gedanken Smiths bestätigt sehen, dass menschlichem Handeln nicht unbedingt eine Überlegung zu Grunde liegt, sondern dass Menschen ganz im Gegenteil häufig irrationalen Impulsen folgen.

Zusammenfassung

Smith kann man in der Wissenschaftsgeschichte also zusammenfassend wie folgt verorten: in seiner evolutionistischen Grundüberzeugung und der darauf basierenden vergleichenden Methode war Smith ganz seiner Zeit verhaftet. Viele der Schlüsse, die er auf dieser Grundlage zog, sind heute überholt. Auch der moralisierende Unterton - wie bei der wertenden Unterscheidung von Religion und Magie - und die hohe Stellung, die er seiner eigenen Religion einräumt, zeigen Smith als Kind des Victorian Age. Andererseits aber hat Smith insbesondere mit seinem funktionalen Ansatz und seiner Neubewertung der religiösen Praxis für eine neue Sicht auf Religion die gedankliche Basis geschaffen. Diese neue Sichtweise sollte erst nach ihm ihre volle Wirkung entfalten und beeinflusst die wissenschaftliche Auseinandersetzung mit Religion bis heute.

---

[18] Bell, S. 5.
[19] Beidelman, S. 68.

Beispiel aus dem Werk: Lecture II

Die „Lectures"

Die „Lectures on the Religion of the Semites" sind schon erwähnt worden: Smith hielt sie 1888/89 in Aberdeen, d.h. in dem Ort, in dem er vorher seine Professur verloren hatte.[20] Anhand des für ihn besonderen Beispiels der semitischen Religion legt Smith in den Vorlesungen seine Gedanken auch zu Religion im allgemeinen dar. Er stützt seine Thesen also vor allem mit Belegen aus dem semitischen Raum, zieht aber auch z.B. die griechische Kultur zum Vergleich heran. Ethymologische Untersuchungen von Namen sind dabei eine häufige Methode. Auf diese Beispiele können wir im Einzelnen aber kaum eingehen: wir fassen hier nur die Thesen zusammen.

Lecture II: The Nature of the Religious Community, and the Relation of the Gods to their Worshippers

Die zweite Vorlesung trägt den Titel: „The Nature of the Religious Community, and the Relation of the Gods to their Worshippers". Als Einstieg möchte ich den ersten Abschnitt aus ihr vorlesen: Smith, S. 28f.

Schon in diesem Abschnitt finden wir Smiths zentrale und bedeutendste Gedanken: Religion ist nicht Glaube oder Dogma; Religion ist vor allem die Handlung, das *Ritual*. Als solches kann Religion nicht losgelöst von der Gesellschaft betrachtet werden: in seinem sozialen Umfeld hat der Einzelne keine Wahl, denn die Beachtung der religiösen Richtlinien zum Handeln ist ihm wie Volks- und Familienzugehörigkeit mit in die Wiege gelegt und steht unter gesellschaftlicher Kontrolle. Und das ist gut so, denn nur auf diese Weise kann Religion ihrer *Funktion* gerecht werden und zum Wohlergehen und Erhalt der Gemeinschaft beitragen. Nochmal die wohl meistzitierte Phrase Smiths: „Religion did not exist for the saving of souls, but for the preservation and welfare of society ..."[21]

Smiths Gedanke ist, dass in der Frühzeit der Menschheitsgeschichte *Götter* praktisch zum Kreis der Familie und Sippe gezählt wurden. Deshalb gab es keine Ausdifferenzierung einer religiösen Sphäre: das Verhalten den Göttern gegenüber war genauso soziales Verhalten wie das gegenüber der Nichte oder dem Vater.

---

[20] Kippenberg, S. 110.

There was no seperation between the spheres of religion and ordinary life. Every social act had a reference to the gods as well as to men, for the social body was not made up of men only, but of gods and men.[22]

Vor allem Solidarität prägte die *Beziehung zwischen Göttern und ihren Verehrern*.[23] Schon im ersten Abschnitt plädiert Smith dafür, Religion im praktischen Sinne eines politischen Systems zu verstehen. Dies tut er nun auf eine radikale Weise, indem er Religion und Volkszugehörigkeit gleichsetzt: die Götter waren die konstanten Größen in einer Gesellschaft, über die man sich definierte. Deshalb, so Smith, sei zunächst kein Wechsel der Religion möglich gewesen, wie man auch seine Eltern nicht austauschen kann; und soziale Fusionen seien gleichzeitig auch religiöse gewesen.

Welchen Platz aber nahmen die Gottheiten nun im sozialen und politischen Ganzen ein? Smith sieht hier zwei Hauptkonzepte: das des Gottes als Vater, und das des Gottes als König. Die kleinere soziale Einheit, die Familie oder Sippe, hatte das Konzept von der *Gottheit als Vater*: dieses Konzept betont vor allem den moralischen Aspekt einer wohlwollenden übergeordneten Instanz und den physischen Aspekt der Blutsbande. Smith sieht hierin die ursprüngliche Form von Religion. [24] (Noch ursprünglicher ist allerdings das Konzept der Gottheit als Mutter, wie Smith in Anlehnung an MacLennan meint.)[25] Der Gottheit gegenüber hat der Stammesangehörige Pflichten, er muss ihr dienen wie ein Sohn dem Vater. Es gibt nur eine väterlich-göttliche Ordnung, somit haben alle Verstöße gegen sie gleich auch religiösen Charakter.[26] Doch ist der Gott ein *wohlwollender* Vater, der seinen Kindern zu gern vergibt: „On the whole, men live on very easy terms with their tribal god, and his paternal authority is neither strict nor exacting."[27]

Der Zusammenschluss mehrerer Sippen führte aber zu Gemeinschaften, die nicht mehr durch Blutsverwandtschaft zusammengehalten wurden: den Zusammenhalt sicherte ein *König*, indem er über innere Streitigkeiten entschied. Für Smith ist der König dieser Menschheitsepoche eher ein Ratgeber als ein Gesetzeshüter: er befasst sich nur mit dem Unrecht, das ihm vorgetragen wird, fühlt sich also nicht für alle Schlechtigkeit dieser Welt

---

[21] Smith, S. 29.
[22] Smith, S. 30.
[23] Smith, S. 32.
[24] Smith, S. 51.
[25] Smith, S. 56-59.
[26] Smith, S. 59f.

zuständig. In diesem Sinne wird nach Smith auch die Gottheit der größeren Gemeinschaften verstanden: „the national god might be good and just, but was not continually active or omnipresent in his activity."[28] Ein König muss aber die Starken schwächen, um das Gleichgewicht unter seinen Untertanen zu erhalten. Deshalb muss er zwangsläufig für die Schwachen eintreten. Diese Vorstellung wird ebenfalls auf die neue Konzeption der nationalen Gottheit übertragen.[29]

Was aber bringt die *Idee eines omnipresenten, gerechten Gottes*, der Herr der ganzen Welt ist? Smith widerspricht der Auffassung, diese Idee sei der semitischen im Gegensatz zur arischen Religion von Anfang an zueigen gewesen. Die Gerechtigkeit der frühen semitischen Götter erstreckt sich wie die des Vaters und des Königs nur auf die eigene Gemeinschaft, nicht aber auf andere: so ist das Töten nur innerhalb der sozialen Gruppe ein Sakrileg. Smith schreibt die Idee des allwissenden Gottes und eines ethischen Anspruchs, der über das eigene Volk hinaus geht, allein den Propheten zu: allerdings sei der semitische Osten für diese Idee empfänglicher gewesen als der arische Westen.[30]

Die zweite Vorlesung zeigt ganz besonders, wie sehr Smith religiöse, soziale und politische Vorgänge in Verbindung und Wechselwirkung sieht. Smith entwickelt zwar die verschiedenen Stadien in evolutionistischem Sinne, das eine geht aus dem anderen hervor, doch baut seine Beschreibung der einzelnen Entwicklungsstufen allein auf dem sozialen Charakter von Religion auf. Diese elementare Neuerung in der Betrachtungsweise von Religion hat ihre Wirkung nicht verfehlt.

---

[27] Smith, S. 61.
[28] Smith, S. 64.
[29] Smith, S. 72.
[30] Smith, S. 74.

Bibliographie

- Beidelman, T.O.:*W. Robertson Smith and the Sociological Study of Religion.* - Chicago, 1974.

- Bell, C.: *Ritual. Perspectives and Dimensions.* - Oxford, 1997.

- Kippenberg, H.G.: *Die Entdeckung der Religionsgeschichte. Religionswissenschaft und Moderne.* - München, 1997.

- Muilenburg, J.: *Prolegomenon.* In: *Lectures on the Religion of the Semites. The Fundamental Institutions.* - Ktav, 1969.

- Raum, J.W.: *Evolutionismus.* In: H. Fischer (Hg.): *Ethnologie. Einführung und Überblick.* - Frankfurt a.M., 1988, S. 243-269.

- Smith, W.R.: *Lectures on the Religion of the Semites. The Fundamental Institutions.* - Ktav, 1969.